ADIVINHAS

ANIMAIS

Ciranda Cultural

ANIMAIS

1. Qual é o animal que mais se assemelha a uma pessoa triste?
2. Sabe por que a macaca grávida fica quebrando vidro sem parar?
3. Dois frangos estavam voando e de repente um falou:
   – Espera aí, frango não voa!
   E logo em seguida caiu. Por que o outro não caiu?
4. **Qual o animal que dá sabedoria aos cachorros?**
5. Que animal pede sempre para ser escutado?
6. Qual o animal que vende bugigangas na rua?
7. O que a vaca foi fazer na papelaria?

Respostas: 1. O "caramucho"; 2. Para ver se tem "maiscaquinhos"; 3. Porque ele era frango a passarinho; 4. É o "cãoguru"; 5. Onça; 6. É o camelo; 7. Comprar "muuuu-chila".

ANIMAIS

8. Qual o animal mais chique do mundo?

9. Qual o animal que demora mais tempo para tirar os sapatos?

10. Qual é o animal craque no futebol?

11. Por que a abelha levou um choque?

12. Por que o Zequinha deu água quente para as galinhas tomarem?

13. Qual ave é considera humorista?

Respostas: 8. É o porco, porque ele mora no chiqueiro; 9. A centopeia; 10. O "gol-finho"; 11. Porque pousou em uma rosa-choque; 12. Para as galinhas botarem ovo cozido; 13. O pintinho, porque ele vive soltando piadas.

ANIMAIS

14. **Quem é o pai das aves?**

15. Com o que se parece uma minhoca?

16. Qual aula o canguru foi fazer na academia?

17. Havia um boi no pasto e ele não queria andar. Chegaram quatro animaizinhos e o ajudaram a sair. Que animais eram esses?

18. Construíram um templo no fundo do mar. Quem foi convidado para ser o sacerdote?

19. Por que a cobra é o símbolo da honestidade?

20. Qual o animal que tem fruta no nome?

Respostas: 14. O "pai-pagaio"; 15. Uma cobra no jardim de infância; 16. Aula de jump; 17. 4 Patas; 18. O polvo, pois a voz do polvo é a voz de Deus; 19. Porque ela nunca passou a perna em ninguém; 20. O "jaca-ré".

ANIMAIS

21. Por que a vaca se afogou?

22. Por que cacau é uma raça de cachorro?

23. Qual o resultado da mistura de uma cobra com um porco-espinho?

24. O que dá a mistura de um bode com uma luneta?

25. Qual o chocolate favorito dos gatos?

26. Qual a diferença entre a tartaruga e o navio?

Respostas: 21. Porque ela namorava um peixe-boi; 22. Porque o choco-late (= chocolate); 23. Um arame farpado; 24. Bode expiatório; 25. É o Kitty-Cat; 26. A tartaruga tem casco em cima, o navio tem casco embaixo.

ANIMAIS

27. Qual o único bicho que não gosta de cafuné na cabeça?

28. O que é capim, mas não é capim; é vara, mas não é vara?

29. Por que os peixes espertos não ficam perto da rede?

30. Por que o cachorro não late em inglês?

31. Qual o animal mais preguiçoso do mundo?

32. O que a foca mais gosta de fazer?

33. Qual a roupa preferida da galinha?

Respostas: 27. O piolho; 28. A capivara; 29. Porque têm medo de levar bolada; 30. Porque ele é um cachorro latino-americano; 31. O peixe, porque o dia inteiro ele nada; 32. "Fo-foca"; 33. Traje de gala.

ANIMAIS

34. O que é um monte de letrinhas voando?

35. Por que a ostra nunca tem tempo de sair com os amigos?

36. Qual lado do gato tem mais pelos?

37. Por que a ostra olha para os lados?

38. Como é que a ostra cai do morro?

39. **Onde as ostras se hospedam?**

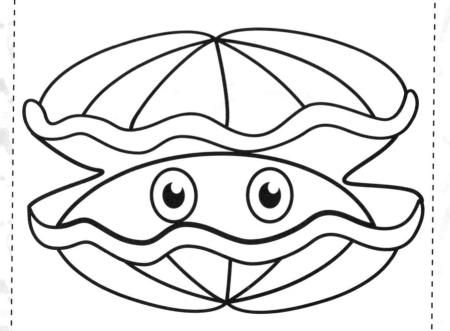

Respostas: 34. "Borbo-letras"; 35. Porque ela é "ostrabalhadora"; 36. O de fora; 37. Para "ostravessar" a rua; 38. "Aostrancos" e barrancos; 39. Em hotel "5 ostrelas".

ANIMAIS

40. Onde o cachorro mora?

41. O que o cavalo foi fazer no orelhão?

42. O que a cobra faz para salvar alguém da enchente?

43. Quem é que tira a maior onda abanando a cauda?

44. O que é que late dez vezes mais do que um cachorro?

45. Qual é o animal cujo nome vai da letra Z até a letra A?

46. Qual a melhor hora para encontrarmos um leão na selva?

Respostas: 40. No "cão-domínio"; 41. Passar um trote; 42. Dá o bote; 43. A baleia; 44. Dez cachorros; 45. A zebra; 46. Depois do almoço dele.

ANIMAIS

47. Por que a vaca foi viajar para o espaço?

48. Por que o tatu não tem problema de moradia?

49. Por que a tartaruga não consegue emprego?

50. O que devemos fazer com as vacas loucas?

51. Quem é mais forte: a tartaruga ou o elefante?

52. O que o tatu fez para parecer mais descolado?

Respostas: 47. Porque ela queria se encontrar com o vácuo; 48. Porque para ele qualquer buraco serve; 49. Porque ela é "muito devagar"; 50. Mandar para o "Boi-tantã"; 51. A tartaruga, pois consegue carregar a própria casa nas costas; 52. Fazer uma "tatu-agem".

ANIMAIS

53. Por que o pinguim gosta de viver nos polos?

54. Quando é que o galo canta mais alto?

55. Qual o cão que voa?

56. Qual o animal que não vive só na água, mas raramente pisa na terra?

57. Quem é que vive engolindo sapos o tempo todo e não reclama?

58. O que fariam as tartarugas, se soubessem que estão em extinção?

59. Qual o urso que mais salta?

Respostas: 53. Para não esquentar a cabeça; 54. Quando sobe no poleiro; 55. O "Fal-cão"; 56. O pinguim, que está sempre pisando no gelo; 57. Cobras que vivem no brejo; 58. Apressariam o passo; 59. O urso "pular".

ANIMAIS

60. Por que as avestruzes fogem dos problemas enfiando a cabeça na areia?

61. O que a arara tem três, mas o pato tem apenas uma?

62. Qual o animal favorito dos pintores?

63. Quando a girafa macho resolve se casar?

64. Em qual país a ovelha vai passar as férias?

65. Qual é a cobra que tem ritmo?

66. Qual o cabritinho que guia a mãe?

Respostas: 60. Porque elas pensam que o que os olhos não vêem o coração não sente; 61. A letra "A"; 62. A onça-pintada 63. Quando encontra uma noiva à altura; 64. Na Bééééélgica; 65. A cascavel, pois ela tem um chocalho; 66. O filho da cabra-cega.

ANIMAIS

67. Onde é que os galos mais incomodam?

68. Qual bicho precisa de um erre, e logo arranha?

69. O que o tatu faz quando vai ao mercado?

70. Como os suínos vivem em tempos de crise?

71. Qual o animal que inventou a fila?

72. **Qual é o cavalo que o Drácula monta?**

Respostas: 67. Na cabeça; 68. Aranha; 69. Leva o casco; 70. Mal e porcamente; 71. A formiga; 72. Um puro-sangue.

ANIMAIS

73. Como se chama um pinguim com uma raquete na mão?

74. Qual a piada do pintinho caipira?

75. Qual o animal que tem galhos sobre a cabeça e não é alce?

76. Qual bicho que tanto faz sair em fotos em preto e branco ou coloridas?

77. Quem é que, mesmo sem maquiagem, anda sempre bem pintada?

78. Qual o animal cujo trabalho não rende nada?

79. Qual macaco adora música argentina?

Respostas: 73. Um "pinguim-pongue"; 74. "Pir-piri"; 75. Qualquer animal que estiver sob galhos de árvore; 76. As zebras; 77. A onça; 78. A abelha, que vive fazendo cera; 79. O "orango-tango".

ANIMAIS

80. Por que o passarinho não briga com o leão?

81. Que tipo de barba o tubarão tem?

82. Qual o animal que precisa de apoio para se locomover?

83. Por que a vaca vai à academia?

84. O que um pintinho disse para o outro?

85. Qual é o peixe mais natural?

86. Por que a vaca dá leite?

Respostas: 80. Porque ele tem "pena"; 81. "Barba-tana"; 82. O tigre-de-bengala; 83. Para ficar malhada; 84. Piu; 85. O que não aceita isca artificial; 86. Porque não sabe vender.

ANIMAIS

87. Qual o bicho que o funcionário veste na hora do trabalho?

88. O que é uma noz rodeada de moscas?

89. O que é que tem nome e sobrenome, mas não é gente?

90. No quintal da minha casa há um pato com uma pata. Por que todos que o veem ficam com pena dele?

91. O que aconteceria se houvesse a mistura de um elefante com um canguru?

92. **O que a galinha disse aos pintinhos ao pedir silêncio no jantar?**

93. Qual passarinho é detetive?

Respostas: 87. O macacão; 88. Uma noz-moscada; 89. O João-de-barro; 90. Porque ele só tem uma pata; 91. Haveria grandes buracos espalhados por toda a Austrália; 92. "Não quero ouvir nem mais um piu!"; 93. O bem-te-vi.

ANIMAIS

94. O que o boi foi fazer na farmácia?

95. Por que o pintinho fez um procedimento cirúrgico?

96. O que é um cão indeciso?

97. Qual animal vive girando?

98. Por onde o boi consegue passar, e a mosca, não?

99. Por que os leões comem carne crua?

100. O que um gato de três anos come?

Respostas: 94. Foi comprar um "boi-carbonato de sódio"; 95. Para tirar uma "pintinha"; 96. É um "cão-fuso"; 97. O "escor-pião"; 98. Pela teia de aranha; 99. Porque eles não sabem cozinhar; 100. A comida que seu dono lhe dá.